"Et si mon cœur avait raison ? — Écouter son intuition en amour"

Harmonie J.

© 2025 Harmonie J.
Édition : BoD - Books on Demand,
31 avenue Saint-Rémy,
57600 Forbach, bod@bod.fr
Impression : Libri Plureos GmbH,
Friedensallee 273,
22763 Hamburg (Allemagne)
ISBN : 978-2-3225-6187-2
Dépôt légal : Mai 2025

Introduction :

Pourquoi ce livre ? Le flou, les doutes, les signaux faibles... Ce que l'intuition nous murmure quand la raison ne comprend pas encore.

Chapitre 1 : C'est quoi, l'intuition ?

Chapitre 2 : Quand l'amour trouble la boussole

Chapitre 3 : Ces petits signes qui ne trompent pas

Chapitre 4 : Intuition ou insécurité ? Comment faire la différence ?

Chapitre 5 : Reconstruire la confiance en soi après s'être tue trop longtemps

Chapitre 6 : Écouter son intuition sans tomber dans l'hypervigilance

Chapitre 7 : Quand l'intuition dit "pars", mais que le cœur veut rester

Chapitre 8 : Reprendre confiance en l'autre et en l'amour

Chapitre 9 : Et si mon intuition me jouait des tours ?

Chapitre 10 : Quand l'intuition devient une alliée de l'amour

L'amour ne devrait pas faire douter de soi.

L'intuition n'est pas là pour créer la peur, mais pour protéger.

Vers un amour où on peut respirer.

Chapitre 1 : C'est quoi, l'intuition ?

L'intuition, c'est cette petite voix intérieure qui murmure quand tout semble calme en surface. Elle ne crie pas, elle ne s'impose pas. Elle ressent. Elle capte ce qui n'est pas dit, ce qui est caché entre les mots, dans un regard fuyant, dans une absence trop longue ou un geste trop rapide.

Mais qu'est-ce que l'intuition exactement ? Est-ce un don ? Une sensibilité particulière ? Une alerte inconsciente ? Ou bien le fruit de nos expériences accumulées, qui parlent sans passer par les mots ?

En amour, l'intuition peut être notre alliée la plus fidèle — ou notre plus grande source de confusion.
Parce que le cœur veut aimer, faire confiance, construire. Et pourtant, il arrive qu'en pleine passion, quelque chose coince. Quelque chose qui n'a pas de preuve, pas d'explication claire.
Juste une impression : "Il me cache quelque chose."
"Ce qu'elle me dit ne sonne pas juste."
"Je ne suis pas moi-même quand je suis avec lui/elle."

Ce n'est pas toujours rationnel. C'est plus profond. L'intuition vient d'un endroit que la logique ne contrôle pas. Un endroit qui nous pousse à nous arrêter, à questionner, à ressentir pleinement.

Et pourtant, on apprend souvent à la taire.
Parce qu'on a peur d'avoir tort.
Parce qu'on ne veut pas "faire des histoires".
Parce qu'on nous a déjà dit qu'on était "trop sensible", "trop jalouse", "trop méfiante".

Alors on se tait.
Et on doute de nous-mêmes.

Mais si l'intuition n'était pas là pour semer la peur...
Et si elle était là pour nous protéger ?

Ce que l'intuition n'est pas :

Ce n'est pas une émotion impulsive.

Ce n'est pas une réaction de panique.

Ce n'est pas une pensée répétitive qu'on rumine sans fin.

Elle est plus douce, plus directe, plus calme.
Elle ne cherche pas à convaincre, elle sait.

Dans les chapitres à venir, nous verrons comment reconnaître cette voix au milieu du bruit.

Comment savoir si c'est notre intuition… ou notre insécurité qui parle ?

Et surtout, comment redevenir notre propre repère, dans l'amour comme dans la vie.

Mon intuition savait. Mais je ne voulais pas l'écouter.

Je me souviens d'un moment très précis.

Il était en ligne, alors qu'il m'avait dit qu'il dormait.

Un détail banal, presque ridicule… sauf que ce n'était pas la première fois.
Mon cœur s'est serré. Je n'avais aucune preuve, mais quelque chose en moi s'est figé.

Je lui ai demandé calmement. Il m'a dit que c'était un bug. Puis que c'était sûrement un ami qui utilisait son compte ou bien même qu'il s'était fait pirater. Puis que j'exagérais.

Et moi ? J'ai voulu le croire. Je me suis dit que je devenais parano.
J'ai préféré douter de moi plutôt que de lui.

Mais la vérité, c'est que je le savais déjà.

Je sentais qu'il me mentait. Je sentais qu'il y avait autre chose, même si je ne savais pas quoi.

Aujourd'hui encore, ce moment me reste en mémoire. Non pas à cause de lui. Mais parce que ce jour-là, j'ai trahi mon intuition pour préserver une illusion.

Chapitre 2 : Quand l'amour trouble la boussole

Au début d'une relation, tout semble évident.
L'attirance, la magie des premiers regards, les nuits blanches à se parler, les promesses chuchotées dans le noir. On veut croire que c'est le bon. Que cette fois, ça va marcher. Que les blessures du passé ne reviendront pas hanter le présent.

Et pourtant...
Très tôt parfois, quelque chose grince.

Une absence trop longue. Une réponse évasive. Un téléphone retourné. Un comportement étrange, suivi d'un « tu te fais des idées ».
Pas de quoi alerter, pas de quoi prouver... mais juste assez pour que le cœur se serre.

C'est là que l'intuition s'invite.
Et c'est aussi là que l'amour commence à brouiller les signaux.

Quand on veut tellement aimer qu'on devient sourd à soi-même

On ne veut pas être la fille méfiante, ou le gars qui pose trop de questions.

On se dit que c'est peut-être nous le problème. Qu'on est trop dans la tête, trop exigeant, trop blessé.

Alors on justifie l'autre.
On trouve des excuses à ce qui nous fait mal.
On se dit que c'est notre passé qui nous joue des tours, que tout le monde a ses secrets, que ce n'est rien.

Mais pendant ce temps-là, notre boussole intérieure tourne sans fin, à la recherche d'un nord qui n'apparaît jamais.
L'intuition essaye de parler... mais le besoin d'aimer la fait taire.

Le cœur qui aime et le corps qui alerte

L'intuition ne parle pas seulement à l'esprit.
Elle se manifeste dans le corps :

Une boule au ventre après un message étrange.

Une tension dans la poitrine quand il/elle te regarde sans te "voir".

Une fatigue lourde après une conversation floue.

Tu l'aimes, mais tu te sens pas bien.

Et plus tu avances, plus tu perds ton calme, ta joie, ta clarté.

C'est ça, le pouvoir de l'intuition : elle prévient ce que la conscience refuse de voir.
Mais l'amour, quand il est mêlé à la peur de perdre, peut te pousser à l'ignorer.

Et si ce n'était pas de l'amour, mais de l'attachement ?

Parfois, ce qu'on croit être de l'amour n'est en réalité qu'un attachement profond à une idée :

L'idée d'une relation stable.

L'idée de ne pas échouer encore.

L'idée que cette personne peut nous "sauver" ou nous réparer.

Mais l'amour qui trouble ton intuition, qui t'éloigne de toi-même, n'est pas de l'amour.
C'est de l'attente, du déni, de la peur enveloppée de jolis mots.

Écoute ce que tu ressens, pas ce qu'on te dit de ressentir

À ce stade, tu n'as peut-être pas de certitude. Mais tu as un ressenti. Et c'est déjà une donnée précieuse.

Dans le prochain chapitre, on apprendra à reconnaître ces signaux subtils :
Les petits détails qui ne trompent pas, les silences lourds de sens, les gestes minuscules qui crient plus fort qu'un discours.

Parce que l'intuition n'a pas besoin de preuves...
Elle a juste besoin que tu recommences à t'écouter.

Quand j'ai commencé à douter de mes propres yeux.

Je me rappelle un soir où j'ai vu son statut "en ligne" alors qu'il m'avait dit qu'il allait dormir tôt.
Ça paraît anodin, non ? Un simple détail.
Mais ce n'était pas la première fois.

Mon cœur s'est serré.
Je me suis demandé si c'était moi qui exagérais, ou si quelque chose clochait vraiment.
Je lui ai posé la question. Il a répondu calmement que ce devait être un bug, que je voyais mal, qu'il n'était pas connecté. Puis il a ri, comme si c'était ridicule d'en faire toute une histoire.

Mais ce que je ressentais à l'intérieur, ce n'était pas du ridicule. C'était une alerte sourde, un mal-être discret mais insistant.

Et au fil des jours, j'ai commencé à remarquer d'autres incohérences :
Des réponses qui changeaient. Des détails qui ne collaient pas. Des silences trop bien placés.
Je sentais que quelque chose n'était pas aligné. Mais je me suis tue, encore. Parce que je ne voulais pas faire "trop". Parce que je voulais croire en lui.

**Ce n'est qu'avec le recul que je me rends compte : j'avais raison de ressentir ce que je ressentais.
Mon intuition parlait déjà. Mais je ne savais pas encore l'écouter.**

Chapitre 3 : Ces petits signes qui ne trompent pas

Ce n'est jamais un grand choc au départ.
Ce n'est pas une révélation brutale.
C'est souvent quelque chose de flou, d'invisible aux autres, mais qui nous pique l'âme comme une écharde sous la peau.

Un mot de trop. Un mot qui manque.
Une absence d'enthousiasme. Une logique qui ne tient pas.
Un regard fuyant, un téléphone toujours tourné vers le bas.

Des explications vagues, des justifications qui ne tiennent plus la route.

Et toi, tu sens que quelque chose cloche, mais tu ne peux pas l'expliquer.
Alors tu doutes. De lui.
Puis tu doutes... de toi.

Les contradictions qui réveillent le malaise.

Ce qu'il dit et ce qu'il fait ne s'alignent pas.
Il dit qu'il t'aime, mais il disparaît sans prévenir.

Il dit qu'il est fatigué, mais reste actif sur les réseaux sociaux.
Il t'assure que tu peux lui faire confiance, mais il t'accuse de trop fouiller dès que tu poses une question.

Ce n'est pas tant ce qu'il fait, mais ce que tu ressens à chaque fois :
Un doute. Un vide. Un trouble.
Comme si ton corps te suppliait de voir ce que ton cœur refuse encore d'admettre.

Ton intuition connaît la vérité avant toi.

Elle ne te donne pas la scène complète, avec preuve à l'appui.
Elle te donne des morceaux du puzzle. Et chaque fois que tu les ignores, tu sens une fatigue émotionnelle s'installer.
Tu deviens plus nerveuse, plus anxieuse, plus méfiante... ou à l'inverse, tu t'éteins.
Parce que tu ressens l'incohérence, même sans pouvoir la prouver.

L'intuition, ce n'est pas un délire.
C'est ton instinct de survie émotionnelle.

Les signes invisibles pour les autres, mais pas pour toi.

Tu te sens seule, même quand tu es avec lui.

Tu te surprends à surveiller ses faits et gestes sans en avoir envie.

Tu revis les conversations dans ta tête, encore et encore.

Tu ressens un poids après vos échanges, alors que tu devrais te sentir légère.

Tu passes plus de temps à te justifier ou à te calmer toi-même qu'à être sereine.

Ce ne sont pas des détails. Ce sont des messages silencieux de ton corps, de ton cœur, de ton âme.
Des appels à l'aide.
Et plus tu les ignores, plus tu te perds.

Ce n'est pas de la jalousie, c'est une alarme.

Combien de fois t'a-t-on dit que tu exagérais ?
Que tu étais parano ? Trop sensible ? Trop jalouse ?

Mais tu sais quoi ?
Quand ton cœur est en paix, tu n'as pas besoin de fouiller.
Quand quelqu'un est aligné avec toi, tu n'as pas besoin de te justifier sans cesse.
Tu n'as pas besoin d'alerte.

Si ton corps se tend, si ton esprit se trouble, si ta lumière intérieure faiblit, ce n'est pas toi le problème.
C'est la situation qui n'est pas saine.

Dans le prochain chapitre, nous parlerons de cette ligne fine entre intuition et insécurité.
Comment distinguer une alerte vraie... d'une peur héritée ?

Comment faire la paix avec ses blessures pour entendre clairement la voix intérieure ?

Mais avant, pose-toi cette question : Quand est-ce que tu as commencé à douter de toi pour continuer à croire en l'autre ?

Je voyais les signes. Mais je voulais qu'ils mentent.

Ce n'était jamais frontal. Jamais violent. Juste... flou.
Je lui posais une question simple, il me répondait à côté.
Je repérais une contradiction, il retournait la situation.

Et toujours ces phrases : « Tu te fais des idées. », « Tu cherches la merde. », « Tu dessines le diable sur notre mur. ».

Mais ces idées-là me prenaient à la gorge.
Elles m'empêchaient de dormir. Elles serraient ma poitrine quand je le voyais connecté alors qu'il m'avait dit qu'il dormait.
Elles s'enracinaient dans mon ventre quand il changeait de version, quand il riait de mes doutes au lieu de m'apaiser.

J'ai commencé à me dire que j'étais trop méfiante.

Je culpabilisais de ressentir ce que je ressentais.
Je me forçais à faire confiance alors que tout en moi me hurlait l'inverse.

Et c'est ça, le pire.
Ce n'est pas qu'il m'ait menti.
C'est que je me suis menti à moi-même.
Parce que je ne voulais pas perdre cette histoire, je me suis perdue en chemin.

Chapitre 4 : Intuition ou insécurité ? Comment faire la différence ?

C'est la question qui revient toujours. La plus douloureuse. La plus piégeuse aussi :
Est-ce que je ressens quelque chose de vrai... ou est-ce que c'est juste ma peur ?

On a toutes été là, au bord du gouffre, à essayer de décoder les frissons de notre corps, les nœuds dans notre

ventre, les pensées qui tournent en boucle.
Est-ce qu'il cache quelque chose...
Ou est-ce que je suis en train de saboter une belle histoire ?

L'intuition est calme. L'insécurité est agitée.

L'une chuchote, l'autre hurle.
L'intuition n'a pas besoin de preuves.
Elle est comme une certitude profonde, enracinée, douce, mais persistante.
Elle ne panique pas, elle observe.
Elle t'envoie des signaux cohérents, discrets, mais répétés.

L'insécurité, elle, court dans tous les sens. Elle cherche, elle fouille, elle flippe, elle dramatise.
Elle est le fruit des blessures, des anciennes trahisons, des cicatrices non refermées.
Elle vient du passé... mais elle agit dans le présent.

Et si c'était les deux ?

Souvent, l'intuition et l'insécurité cohabitent.
Et c'est là que tout se complique.

Tu as été blessée avant. Tu as cru quelqu'un qui t'a menti.

Alors quand ton nouveau partenaire fait quelque chose d'ambigu, tout se réactive.
Tu ne sais plus si tu as raison d'avoir peur, ou si c'est juste un écho ancien qui résonne trop fort.

Mais l'intuition n'est jamais là pour détruire.
Elle ne cherche pas à punir.
Elle veut te protéger.

3 façons de différencier les deux :

1. Le corps comme baromètre
L'intuition se manifeste par un ressenti calme mais clair.
Tu ne ressens pas une panique immédiate, mais un dérangement intérieur constant. Une dissonance.
L'insécurité, elle, te fait perdre pied : sueurs, angoisses, bouleversée en quelques secondes.

2. Le contexte
L'intuition est souvent déclenchée par un fait réel, une incohérence, un détail troublant.
L'insécurité peut se déclencher sans élément concret. Juste parce que tu

te sens vulnérable, ou que tu revis inconsciemment un trauma.

3. Le besoin de contrôle

L'intuition accepte de ne pas tout savoir, mais reste en alerte.
L'insécurité veut contrôler, tout vérifier, tout comprendre, tout de suite. Elle a besoin d'apaisement constant.

Tu n'es pas folle. Tu as été blessée.

Il est essentiel de ne pas se juger quand ces deux voix se mélangent.
Tu n'as pas choisi d'être méfiante.
Tu as juste appris, à tes dépens, que l'amour peut parfois faire mal.

Alors tu t'es protégée.

Mais il est possible de se réparer, et d'apprendre à reconnaître la voix de ton intuition sans laisser tes blessures la déformer.

Et si tu lui faisais une place, à cette voix-là ?

Tu n'as pas besoin de tout comprendre, de tout prouver, de tout contrôler.
Mais tu as le droit de te croire toi-même.
De dire : « Je ne sais pas pourquoi je ressens ça, mais je choisis de l'écouter. »

Même si ça déplaît. Même si ça met mal à l'aise.
Parce qu'à force de te trahir pour être aimée, tu as oublié que ton intuition… c'est aussi de l'amour. De toi, pour toi.

J'avais peur que ce soit juste moi. Mais mon corps savait.

Il me disait qu'il m'aimait, qu'il n'avait rien à cacher.
Mais son téléphone était toujours retourné.
Il disparaissait puis réapparaissait comme si de rien n'était.
Il était actif en ligne alors qu'il prétendait dormir ou travailler.

Et moi, je devenais folle à l'intérieur.
Je voulais lui faire confiance, vraiment.
Mais quelque chose en moi s'agitait, me lançait des alertes, comme si mon cœur battait pour me prévenir d'un danger invisible.

Je me suis demandé si je devenais parano.
Si j'étais trop marquée par mes anciennes relations.
Je me suis traitée de jalouse, de compliquée.
Je me suis tue.

Mais cette voix intérieure ne partait pas.

Elle me réveillait la nuit.
Elle se serrait dans mon ventre chaque fois que je surprenais une incohérence.
Elle n'était pas en colère. Elle était triste. Fatiguée.

Avec le recul, je sais que ce n'était pas ma peur.
C'était ma vérité.
Et si j'avais écouté cette vérité plus tôt, je me serais épargnée des mois de doute, de stress, d'effacement.

Chapitre 5 : Reconstruire la confiance en soi après s'être tue trop longtemps

Il y a un moment, souvent silencieux, où tu réalises que tu t'es oubliée.
Ce moment où tu n'as plus besoin de preuves contre lui…
Parce que ce qui te fait le plus mal, ce n'est plus ce qu'il t'a fait.
C'est ce que tu t'es fait à toi-même.

T'être tue.
T'être mentie.
T'être forcée à croire ce que tu savais faux.
T'être excusée d'avoir ressenti juste.

Et ça, ça brise. Lentement. Sournoisement.
Mais ça peut aussi devenir le point de départ d'une reconstruction.

Quand on cesse de se croire, tout vacille

À force de douter de son intuition, on finit par douter de tout :
De son jugement.
De sa valeur.
De ses réactions.
On ne sait plus quoi penser, ni qui croire.

Tu regardes en arrière et tu te dis :

"Mais pourquoi j'ai laissé passer ça ?"
"Comment ai-je pu ne pas m'écouter ?"

La réponse est simple, même si elle fait mal :
Tu voulais être aimée. Tu voulais que ça marche.
Et pour cela, tu étais prête à te trahir.

Reconstruire la confiance en soi, ce n'est pas se blâmer. C'est se retrouver.

Ce chemin n'est pas fait de reproches.
Il est fait de reconnaissance. De douceur. De courage.

Reprendre confiance en soi, c'est :

Accepter qu'on s'est perdue.

Reconnaître qu'on a voulu sauver une relation en s'abandonnant soi-même.

Se promettre, enfin, de ne plus recommencer.

Petits pas vers la reconquête de soi

1. Nommer ce que tu as ressenti (et que tu as tu)
Écris. Parle. Crie s'il le faut. Mais ne garde plus le silence.
Dis-toi la vérité, même si elle fait trembler.

2. Relire les signes que tu as ignorés
Non pour te flageller, mais pour mieux te connaître. Pour te rendre justice.
Ce que tu as ressenti était réel. Et tu le reconnais enfin.

3. T'offrir la sécurité que tu attendais des autres

Rassure-toi toi-même. Donne-toi ce que tu espérais qu'il t'offre : clarté, cohérence, tendresse.

Tu n'as plus besoin d'un gardien. Tu peux être ton propre refuge.

4. Redéfinir ce que tu veux — et ce que tu ne toléreras plus

Mets des mots sur ce qui est sacré pour toi. Sur tes non-négociables.

Ton intuition ne pourra s'exprimer pleinement que dans un espace où tu te respectes.

Tu n'étais pas faible. Tu étais amoureuse.

Aimer n'est pas une erreur. Mais s'oublier en aimant, si.
Tu as le droit d'avoir cru. D'avoir espéré.
Mais maintenant, tu as surtout le droit de te croire toi.

Je savais. Mais j'ai préféré douter de moi.

Je me revois, un soir, téléphone en main, cœur serré.
Il m'avait dit qu'il dormait.
Mais il était connecté. Encore.
Et ce n'était pas la première fois.

Je l'ai confronté doucement.

Il a nié. Il m'a dit que j'étais parano, qu'il n'avait pas d'explication, qu'il ne savait pas.
Et j'ai cru que j'exagérais. Que j'inventais. Que c'était un bug.
Je me suis sentie honteuse d'avoir posé la question.

Les jours suivants, j'ai ravalé mes doutes.
Je l'ai regardé mentir sans preuve, mais avec cette certitude dans le ventre : quelque chose clochait.
Et pourtant... je suis restée.

Pas parce que je ne savais pas.
Mais parce que je ne voulais pas savoir.

Parce que la vérité aurait exigé une action. Une mise à distance.
Et je n'étais pas prête.
Ce n'est que plus tard que j'ai réalisé à quel point j'avais été loin de moi.
À quel point j'avais voulu être aimée au point de ne plus m'aimer.

Aujourd'hui, je n'en veux même plus à lui.
J'apprends juste à me demander :
"Et moi ? Qu'est-ce que je ressens, là, vraiment ?"

Et cette réponse-là...
je ne la remets plus en question.

Chapitre 6 : Écouter son intuition sans tomber dans l'hypervigilance

Quand on a été trahie, manipulée ou tout simplement ignorée dans ses ressentis, il devient difficile de faire la part des choses.
On oscille alors entre deux extrêmes :

Se taire pour préserver l'illusion.
Ou sur-analyser chaque geste, chaque mot, chaque silence.

Et au milieu, il y a cette fine ligne : celle de l'intuition saine, celle qui t'informe... sans te consumer.

L'hypervigilance, cette armure qui t'épuise.

C'est une réaction normale après un choc émotionnel.

**Quand on a souffert de ne pas avoir vu venir, on décide qu'on verra tout désormais.
On devient détective, traductrice de micro-expressions, analyste d'activités en ligne.**

Mais cette tension constante n'est pas de la sagesse, c'est de la peur en habit de contrôle.
Et elle finit par empoisonner même les liens les plus sincères.

L'intuition n'a pas besoin d'obsession.

L'intuition observe sans fixer.
Elle ressent sans fouiller.
Elle alerte, mais ne dramatise pas.

Elle ne demande pas de tout contrôler, elle te demande de rester à l'écoute.
De toi, d'abord.
Du lien, ensuite.

Comment rester connectée à ton intuition sans t'enfermer dans la méfiance ?

1. Fais la différence entre vigilance et anticipation de la trahison
Rester attentive ne signifie pas t'attendre à être déçue.
C'est simplement être présente à ce que tu ressens — sans tirer de conclusions trop vite.

2. Reviens à ton corps, pas à ton mental
L'intuition est physique. C'est un ressenti ancré.

L'hypervigilance, elle, est cérébrale : ça tourne en boucle, ça imagine, ça invente parfois.

3. Pose des questions au lieu de tirer des conclusions

L'intuition invite à la curiosité, pas à la condamnation.

Tu as le droit de dire : "Quelque chose me dérange, j'ai besoin de comprendre."

Et si tu ne peux pas être entendue là-dedans… ce n'est pas toi, c'est le lien qui n'est pas sain.

4. Ancre-toi dans le présent

Ce n'est pas parce que quelqu'un t'a blessée avant que tout le monde le fera.

Sois consciente de ce qui est là, maintenant.

Et fais la différence entre ton passé qui parle... et le présent qui agit.

Tu as le droit de te détendre dans l'amour.

Être en lien, ce n'est pas être en alerte permanente.

Ce n'est pas deviner, contrôler, vérifier.

C'est pouvoir se déposer dans la relation, tout en restant ancrée en soi.

Et tu peux y arriver.
En te choisissant un peu plus chaque jour.
En te rappelant que ton intuition est ton alliée...
Pas une ennemie à faire taire, ni une arme à brandir.

Se battre avec soi-même.

Je me souviens d'une période où je scrutais chaque message, chaque silence.

Je vérifiais ses connexions, interprétais chaque mot, imaginant le pire.
Mon esprit tournait en boucle, incapable de se calmer.

Un soir, épuisée, j'ai réalisé que je n'écoutais plus mon intuition, mais ma peur.
Je confondais vigilance et obsession.
Je m'étais transformée en détective, pas en femme amoureuse.

Ce jour-là, j'ai décidé de poser une question simple, sans accusation :
"Je ressens quelque chose, est-ce qu'on peut en parler ?"

Et pour la première fois, au lieu de m'enfoncer dans la suspicion, j'ai essayé de revenir à l'essentiel :
Être honnête avec moi-même.
Respecter ce que je ressens, sans me laisser emporter par le tourbillon des scénarios.

C'était le début d'un nouvel équilibre. Pas parfait, mais vrai.

Chapitre 7 : Quand l'intuition dit "pars", mais que le cœur veut rester

Il y a des moments où tout semble s'effondrer à l'intérieur.
Ton intuition te souffle qu'il faut partir, que ce n'est plus bon pour toi.
Mais ton cœur, lui, s'accroche, espère, pardonne, et veut encore y croire.

Cette tension est une des plus douloureuses à vivre.
Parce que ce n'est pas un simple choix rationnel.

C'est un déchirement entre ce que tu sais au fond de toi...
Et ce que tu désires avec toute ta peau.

Pourquoi l'intuition et le cœur ne sont pas toujours alignés

Le cœur, c'est la mémoire des émotions, des moments heureux, des promesses rêvées.
Il veut protéger l'amour, même quand l'amour fait mal.
Il espère un changement, une amélioration, un retour à ce qui était.

L'intuition, elle, est cette voix plus calme, plus froide parfois, qui regarde la réalité en face.
Elle évalue, elle alerte, elle met des limites.
Elle sait ce qui te détruit, même si tu refuses de le voir.

Comment écouter ces deux voix sans se perdre :

1. Accueillir la douleur sans la fuir
Ce déchirement est normal. Il fait partie du chemin.
Te forcer à choisir trop vite ou à nier un des deux ressentis, c'est t'imposer une souffrance inutile.

2. Prendre du recul pour clarifier les messages
Parfois, écrire, méditer, parler avec une amie ou une thérapeute permet de démêler le brouillard.

3. Se donner du temps sans culpabiliser
La décision ne doit pas être précipitée.
Tu as le droit de rester un moment dans ce flou, à explorer tes émotions.

4. Se poser la question essentielle :
"Est-ce que je me respecte dans cette relation ?"

Au-delà de l'amour, la clé est le respect de soi.

La puissance du choix conscient.

Qu'importe la décision finale, ce qui importe, c'est qu'elle soit prise en conscience, avec amour pour soi.
Choisir de rester, c'est un engagement.
Choisir de partir, c'est aussi un acte d'amour envers soi-même.

J'ai voulu rester, même quand tout me disait de partir.

Je m'en souviens comme si c'était hier.

**Mon corps était tendu, mon sommeil haché, mes pensées encombrées.
Mais dès qu'il me prenait dans ses bras, je doutais de mes doutes.
Je me disais : "Il n'est pas si mauvais. Il m'aime, il fait des efforts."**

**Mais au fond, je savais.
Je savais que je n'étais pas bien. Que je m'éteignais.
Que je devenais une version de moi plus silencieuse, plus prudente, plus triste.**

**J'ai mis du temps. Beaucoup trop peut-être.
Mais je suis partie.
Pas en colère. Pas dans un fracas.**

Juste avec cette petite voix qui, enfin, avait été assez forte pour couvrir mes illusions :
"Tu mérites un amour qui ne te fait pas douter de toi."

Et c'est ce jour-là que j'ai compris :
L'intuition, ce n'est pas une menace.
C'est une boussole.
Même quand elle t'amène loin de ce que tu pensais vouloir.

Chapitre 8 : Reprendre confiance en l'autre et en l'amour

Quand on a aimé en se perdant,
quand on a douté, pardonné trop, espéré longtemps,
il reste une peur sourde, tenace :
Et si ça recommençait ?
Et si je me faisais encore avoir ?

Alors, même quand une nouvelle personne entre dans ta vie,
même quand tout semble plus sain, plus doux, plus vrai,
tu restes en alerte.

Tu veux y croire... mais une partie de toi reste sur le seuil.
Comme une enfant blessée qui a peur qu'on la laisse encore seule.

Reconstruire la confiance : un chemin lent mais profond

Reprendre confiance, ce n'est pas faire semblant d'y croire.
C'est réapprendre à se sentir en sécurité, d'abord avec soi-même.
Parce qu'on ne peut faire confiance à quelqu'un d'autre...
que si on se fait confiance à soi.

Étapes pour ouvrir à nouveau ton cœur, sans renier ton intuition :

1. Sois honnête sur tes peurs
Tu as le droit d'avoir été blessée. Le nier ne fera que renforcer tes défenses.
Dire : "J'ai besoin de temps", "Je me reconstruis", c'est te respecter.

2. Observe les actes, pas les promesses
La confiance ne se donne pas d'un coup. Elle se bâtit, geste après geste, respect après respect.

3. Ne sacrifie plus ce que tu ressens pour ne pas déranger

Cette fois, tu as le droit de dire ce qui t'inquiète, ce qui te touche.
Et la bonne personne saura l'entendre, sans te faire douter de ta valeur.

4. Apprends à reconnaître la différence entre l'anxiété et l'alerte
Ton corps réagit parfois à la mémoire de l'ancien, pas à la réalité du présent.
Prends un temps pour discerner : "Est-ce que je réagis à lui… ou à mes blessures passées ?"

Tu as survécu à ce qui t'a fait douter de l'amour.

Et ça, c'est déjà immense.
Aujourd'hui, tu n'as plus besoin de te méfier de tout, ni de tout donner pour être aimée.
Tu peux avancer à ton rythme.
Avec plus de douceur, plus de conscience.

Et quand tu rencontreras quelqu'un qui respecte ton rythme,
ta vulnérabilité ne sera plus une faille.
Mais une force.

Réapprendre à croire en l'amour... doucement

Quand j'ai quitté cette relation qui m'abîmait, je me suis promis une chose :
Plus jamais je ne me tairai pour garder quelqu'un.
Mais cette promesse m'a aussi enfermée.
Je suis devenue méfiante. Sur la défensive.
Je pensais que toute ouverture serait une faiblesse.

Puis un jour, quelqu'un est arrivé.
Il ne m'a pas brusquée.
Il ne m'a pas forcée à m'ouvrir, ni à me livrer.
Il a simplement été là, patient, sincère.

Quand je lui disais : "J'ai du mal à faire confiance", il répondait : "Je comprends. Je ne suis pas pressé."

Au début, je cherchais les pièges.
Je scrutais le moindre détail.
Mais petit à petit, j'ai compris qu'il ne me demandait pas de le croire tout de suite.
Il me demandait juste d'essayer de croire à nouveau en moi.
Et c'est là que la vraie guérison a commencé.

Chapitre 9 : Et si mon intuition me jouait des tours ?

Il y a des jours où tu crois sentir quelque chose...
Un malaise, une peur, une gêne.
Tu te dis : "Mon intuition me parle."

Mais parfois, c'est le doute qui parle.
Parfois, c'est la peur.
Parfois, c'est une ancienne blessure qui s'active...
et qui, dans sa détresse, se fait passer pour ton instinct.

**Alors, comment faire la différence entre une véritable intuition...
et une projection de tes insécurités ?**

Quand l'intuition se mélange aux blessures.

**Ton esprit enregistre les expériences passées, surtout celles qui t'ont fait mal.
Et il devient vigilant, parfois trop.
Un mot mal interprété, un silence, une absence,
et voilà que l'alerte intérieure se déclenche.**

Mais toutes les alertes ne sont pas des vérités.

Certaines sont des réflexes de protection.
Et si tu ne prends pas le temps de les interroger,
elles peuvent saboter une relation saine.

Clés pour distinguer intuition et insécurité

1. L'intuition est calme. L'anxiété est agitée.
L'intuition te chuchote. Elle est souvent brève, claire.
L'anxiété, elle, tourne en boucle, épuise, fait mal au ventre.

2. L'intuition parle du présent. L'insécurité réactive le passé. Demande-toi : "Est-ce que je réagis à cette personne, ou à ce que j'ai déjà vécu avec quelqu'un d'autre ?"

3. L'intuition te pousse à te respecter. L'insécurité te pousse à contrôler. L'une te guide. L'autre te fait douter de tout.

Apprendre à se connaître pour mieux s'écouter.

Ton intuition devient plus fiable... quand tu es en paix avec toi-même. Quand tu fais le tri entre ce que tu ressens ici et maintenant,

et ce que ton passé essaie de rejouer.

**Alors avant de prendre une décision impulsive,
avant de fuir ou de t'accrocher,
prends un moment.
Respire.
Demande-toi :
"Est-ce que j'ai peur... ou est-ce que je me protège avec justesse ?"**

**Tu mérites d'écouter ta voix intérieure.
Mais tu mérites aussi de ne plus la laisser être étouffée par tes anciennes douleurs.**

Quand j'ai cru que mon intuition me protégeait... mais c'était la peur

Il y a eu cette relation, après une rupture difficile.
Un homme gentil, attentionné, cohérent.
Mais dès qu'il ne répondait pas tout de suite à un message,
je sentais une boule dans mon ventre.
Je me disais : "Ça recommence. Il me cache quelque chose."

Je pensais que c'était mon intuition.
Alors j'observais, j'analysais, je questionnais tout.

J'étais tendue, toujours sur mes gardes.
Jusqu'à ce qu'il me dise un jour, calmement :

"Tu me juges avec les erreurs des autres. Mais je ne suis pas eux. Je ne serais pas celui que tu veux que je sois, cette personne détestable que tu veux que je sois."

Ça m'a secouée.
Je me suis rendu compte que ce que j'appelais "intuition"
était en réalité un système d'alarme...
construit par mes blessures, pas par le présent.

Alors j'ai commencé à travailler sur moi.
À écouter cette peur sans la laisser conduire ma vie.
Et à faire la paix avec cette partie de moi qui voulait juste être rassurée.

Ce jour-là, j'ai compris que l'intuition n'était pas l'ennemie.
Mais qu'elle ne pouvait pas briller au milieu du vacarme de mes insécurités.

Chapitre 10 : Quand l'intuition devient une alliée de l'amour

Il arrive un moment, après les tempêtes,
où tu commences à faire la paix avec toi.
Et c'est là que ton intuition change de ton.

Elle ne crie plus dans la panique.
Elle ne susurre plus dans la peur.
Elle devient un guide calme, une boussole intérieure,
qui t'aide à choisir... non plus par besoin, mais par alignement.

Un amour aligné, ça se sent.

Tu n'es plus dans l'attente d'un signe de survie.
Tu es dans l'écoute d'un écho intérieur :
Est-ce que je me sens en paix avec cette personne ? Est-ce que je me sens respectée, accueillie, libre d'être moi ?

L'intuition, dans ces moments-là, ne vient plus pour alerter.
Elle vient pour confirmer ce qui est bon, doux, stable.
Elle t'aide à rester là où tu es bien.
Et à partir quand l'équilibre se brise.

Ce que j'ai appris en m'écoutant, enfin.

Ce n'est pas que je doute moins.
C'est que je me fais davantage confiance.

Je sais que je ne me laisserai plus trahir sans rien dire.
Je sais que je peux aimer sans me perdre.
Et surtout, je sais que mon corps, mon cœur, mon ressenti...
ont toujours été mes alliés.
Même quand je ne comprenais pas encore leur langage.

L'intuition, c'est l'amour qui veille sur toi... de l'intérieur

Elle ne t'empêche pas de vivre.
Elle ne te coupe pas des autres.
Elle t'aide à choisir ce qui te respecte, ce qui te nourrit.

Et un jour, tu rencontres un amour où ton intuition ne hurle pas.
Un amour sans doute permanent, sans bataille intérieure.
Un amour qui apaise plutôt qu'il ne désoriente.

Ce jour-là, tu comprends :
Ton intuition ne t'a jamais trahie.
Elle t'a seulement attendue,

le temps que tu sois prête à l'entendre avec clarté.

Quand j'ai su que je pouvais m'écouter sans me perdre

Il y a eu un moment, simple mais profond.
On était assis tous les deux, sans parler.
Juste là, dans le silence.
Et pour la première fois depuis longtemps,
je n'ai pas ressenti ce besoin de surveiller, de décoder, de douter.

Je n'avais pas de nœud dans le ventre.

Pas de questions en boucle.
Juste une sensation douce, comme un "oui" intérieur.

Mon intuition ne m'alertait pas.
Elle me berçait.

Et j'ai su.
Pas parce qu'il avait dit quelque chose de grandiose,
pas parce qu'il m'avait promis monts et merveilles.

J'ai su parce que je me sentais moi-même, entière, libre, aimée sans effort.
Et que mon corps entier disait : "Tu peux rester ici. Tu es en sécurité."

Ce jour-là, j'ai compris :
Mon intuition n'est pas un obstacle à l'amour.
Elle en est le filtre sacré.

Conclusion :

L'intuition, ce murmure qui te ramène à toi

Ce livre n'a pas pour but de t'apprendre à fuir.
Ni à tout remettre en question.
Il n'est pas là pour nourrir la peur, ni justifier le contrôle.
Il est là pour te rappeler que tu sais.

Tu sais quand quelque chose sonne juste.
Tu sais quand tu te sens vue, aimée, respectée.

*Tu sais aussi quand ton cœur se serre, quand ton ventre se tord,
quand tu fais semblant de ne pas voir,
pour ne pas perdre.*

*Ton intuition, c'est cette voix douce, ferme, honnête.
Parfois, elle t'appelle à rester.
Parfois, elle t'invite à partir.
Toujours, elle te ramène à toi.*

*Elle n'est pas infaillible, non.
Mais quand elle est écoutée avec tendresse et discernement,
elle devient ton plus fidèle allié dans la grande aventure de l'amour.*

Alors aime.

Tombe, relève-toi, apprends, réessaie.

Mais n'oublie jamais ceci :

Ton cœur n'a pas besoin d'avoir toujours raison pour mériter d'être écouté.
Il a simplement besoin d'être respecté.
Et ça commence par toi.

À toi qui tiens ce livre entre les mains,

Si tu lis ces mots,
c'est que tu as, un jour, ressenti ce doute au creux du ventre.
Cette impression que quelque chose n'allait pas,
même quand tout semblait normal.

Tu as peut-être eu peur de paraître trop sensible.
Trop méfiante. Trop compliquée.
Ou simplement... trop.

Et pourtant, ce que tu ressentais...
c'était peut-être juste toi qui te parlais à toi-même.

Ton intuition. Ton cœur. Ton instinct de survie. Ton besoin d'amour sain.

Ce livre est né de ces instants-là.
De ces silences qui crient.
De ces regards qui blessent.
De ces ressentis que l'on enfouit pour ne pas déranger.
Et de cette force immense que l'on retrouve,
quand on accepte enfin d'écouter ce qui se passe en dedans.

Je ne suis pas une experte.
Je suis une femme qui a aimé, qui a douté, qui s'est oubliée,
et qui a réappris à s'écouter.

Si ce livre peut t'apporter un écho, un réconfort, une lumière,
alors il aura rempli sa mission.

À toi qui as parfois douté de ton ressenti :
Tu n'es pas folle.
Tu n'es pas faible.
Tu es en chemin.
Et ce chemin, crois-moi, commence toujours par une voix intérieure
que l'on choisit enfin d'écouter.

Avec douceur,